AF607024
AVERSO

HISTORIA DEL CORAZÓN

Vicente Aleixandre

Número 55 de la Colección **AVERSO POESÍA**

Historia del corazón

Edición al cuidado de Averso Poesía
www.aversopoesia.com

hola@aversopoesia.com

Primera edición: enero de 2026
ISBN: 979-13-990436-2-4
Depósito Legal: GR 778-2025

Impreso en España - *Printed in Spain*

El papel utilizado para la impresión de este libro está calificado como papel ecológico y procede de bosques gestionados de manera sostenible.

HISTORIA DEL CORAZÓN

Vicente Aleixandre

A

DÁMASO ALONSO

AMIGO DE TODAS LAS HORAS,
SEGURO EN TODA LA VICISITUD,
DESDE LA REMOTA ADOLESCENCIA,
DEDICO HOY ESTE LIBRO,
CUMPLIDO Y REBASADO UN TERCIO DE SIGLO
DE FRATERNAL AMISTAD

I

COMO EL VILANO

1

COMO EL VILANO

Hermoso es el reino del amor,
pero triste es también.
Porque el corazón del amante
triste es en las horas de la soledad,
cuando a su lado mira los ojos queridos
que inaccesibles se posan en las nubes ligeras.

Nació el amante para la dicha,
para la eterna propagación del amor,
que de su corazón se expande
para verterse sin término
en el puro corazón de la amada entregada.

Pero la realidad de la vida,
la solicitación de las diarias horas,
la misma nube lejana, los sueños, el corto vuelo inspirado del juvenil corazón que él ama,
todo conspira contra la perduración sin descanso de la llama imposible.

Aquí el amante contempla
el rostro joven,
el adorado perfil rubio,
el gracioso cuerpo que reposado un instante en sus brazos descansa.
Viene de lejos y pasa,
y pasa siempre.
Y mientras ese cuerpo duerme o gime de amor en los brazos amados,

el amante sabe que pasa,
que el amor mismo pasa,
y que este fuego generoso que en él no pasa,
presencia puro el transito dulcísimo de lo que eternamente
pasa.

Por eso el amante sabe
que su amada le ama
una hora, mientras otra hora sus ojos
leves discurren
en la nube falaz que pasa y se aleja.
Y sabe que todo el fuego que común se ha elevado,
solo en él dura. Porque ligera y transitoria es la muchacha
que se entrega y se rehúsa,
que gime y sonríe.
Y el amante la mira
con el infinito amor de lo que se sabe instantáneo.
Dulce es, acaso más dulce, más tristemente dulce,
verla en los brazos
en su efímera entrega.
«Tuyo soy —dice el cuerpo armonioso—,
pero solo un instante.
Mañana,
ahora mismo,
despierto de este beso y contemplo
el país, este río, esa rama, aquel pájaro...»

Y el amante la mira
infinitamente pesaroso —glorioso y cargado—.

Mientras ella ligera se exime,
adorada y dorada,
y leve discurre.
Y pasa, y se queda. Y se alza, y vuelve.
Siempre leve, siempre aquí, siempre allí; siempre.
Como el vilano.

MANO ENTREGADA

Pero otro día toco tu mano. Mano tibia.
Tu delicada mano silente. A veces cierro
mis ojos y toco leve tu mano, leve toque
que comprueba su forma, que tienta
su estructura, sintiendo bajo la piel alada el duro hueso
insobornable, el triste hueso adonde no llega nunca
el amor. Oh carne dulce, que sí se empapa del amor hermoso.

Es por la piel secreta, secretamente abierta, invisiblemente entreabierta,
por donde el calor tibio propaga su voz, su afán dulce;
por donde mi voz penetra hasta tus venas tibias,
para rodar por ellas en tu escondida sangre,
como otra sangre que sonara oscura, que dulcemente oscura te besara
por dentro, recorriendo despacio como sonido puro
ese cuerpo, que ahora resuena mío, mío poblado de mis voces profundas,
oh resonado cuerpo de mi amor, oh poseído cuerpo, oh cuerpo solo sonido de mi voz poseyéndole.

Por eso, cuando acaricio tu mano, sé que solo el hueso rehúsa
mi amor —el nunca incandescente hueso del hombre—.
Y que una zona triste de tu ser se rehúsa,
mientras tu carne entera llega un instante lúcido
en que total flamea, por virtud de ese lento contacto de tu mano,
de tu porosa mano suavísima que gime,
tu delicada mano silente, por donde entro

despacio, despacísimo, secretamente en tu vida,
hasta tus venas hondas totales donde bogo,
donde te pueblo y canto completo entre tu carne.

LA FRONTERA

Si miro tus ojos,
si acerco a tus ojos los míos,
¡oh, cómo leo en ellos retratado todo el pensamiento de mi soledad!
Ah, mi desconocida amante a quien día a día estrecho en los brazos.
Cuán delicadamente beso despacio, despacísimo, secretamente en tu piel
la delicada frontera que de mí te separa.
Piel preciosa, tibia, presentemente dulce, invisiblemente cerrada,
que tiene la contextura suave, el color, la entrega de la fina magnolia.
Su mismo perfume, que parece decir: «Tuya soy, heme entregada al ser que adoro
como una hoja leve, apenas resistente, toda aroma bajo sus labios frescos».
Pero no. Yo la beso, a tu piel, finísima, sutil, casi irreal bajo el rozar de mi boca,
y te siento del otro lado, inasible, imposible, rehusada,
detrás de tu frontera preciosa, de tu mágica piel inviolable,
separada de mí por tu superficie delicada, por tu severa magnolia,
cuerpo encerrado débilmente en perfume
que me enloquece de distancia y que, envuelto rigurosamente, como una diosa de mí te aparta, bajo mis labios mortales.

Déjame entonces con mi beso recorrer la secreta cárcel de mi vivir,
piel pálida y olorosa, carnalidad de flor, ramo o perfume,
suave carnación que delicadamente te niega,
mientras cierro los ojos, en la tarde extinguiéndose,
ebrio de tus aromas remotos, inalcanzables,
dueño de ese pétalo entero que tu esencia me niega.

OTRA NO AMO

Tú, en cambio, sí que podrías quererme;
tú, a quien no amo.
A veces me quedo mirando tus ojos, ojos grandes, oscuros;
tu frente pálida, tu cabello sombrío,
tu espigada presencia que delicadamente se acerca en la tarde,
sonríe,
se aquieta y espera con humildad que mi palabra le aliente.
Desde mi cansancio de otro amor padecido
te miro, oh pura muchacha pálida que yo podría amar y no
amo.
Me asomo entonces a tu fina piel, al secreto visible de tu frente
donde yo sé que habito,
y espío muy levemente, muy continuadamente, el brillo
rehusado de tus ojos,
adivinando la diminuta imagen palpitante que de mí sé que
llevan.
Hablo entonces de ti, de la vida, de tristeza, de tiempo...,
mientras mi pensamiento vaga lejos, penando allá donde vive
la otra descuidada existencia por quien sufro a tu lado.

Al lado de esta muchacha veo la injusticia del amor.
A veces, con estos labios fríos te beso en la frente, en súplica
helada, que tú ignoras, a tu amor: que me encienda.
Labios fríos en la tarde apagada. Labios convulsos, yertos, que
tenazmente ahondan
la frente cálida, pidiéndole entero su cabal fuego perdido.
Labios que se hunden en tu cabellera negrísima,
mientras cierro los ojos,

mientras siento a mis besos como un resplandeciente cabello
rubio donde quemo mi boca.
Un gemido, y despierto, heladamente cálido, febril, sobre el brusco
negror que, de pronto, en tristeza a mis labios sorprende.

Otras veces, cerrados los ojos, desciende mi boca triste sobre la
frente tersa,
oh pálido campo de besos sin destino,
anónima piel donde ofrendo mis labios como un aire sin vida,
mientras gimo, mientras secretamente gimo de otra piel que
quemara.

Oh pálida joven sin amor de mi vida,
joven tenaz para amarme sin súplica,
recorren mis labios tu mejilla sin flor,
sin aroma, tu boca sin luz,
tu apagado cuello que dulce se inclina,
mientras yo me separo, oh inmediata que yo no pido,
oh cuerpo que no deseo,
oh cintura quebrada, pero nunca en mi abrazo.

Échate aquí y descansa de tu pálida fiebre.
Desnudo el pecho, un momento te miro.
Pálidamente hermosa, con ojos oscuros,
semidesnuda y quieta, muda y mirándome,
¡Cómo te olvido mientras te beso! El pecho
tuyo mi labio acepta, con amor, con tristeza.
Oh, tú no sabes... Y doliente sonríes.
Oh, cuánto pido que otra luz me alcanzase.

DESPUÉS DEL AMOR

Tendida tú aquí, en la penumbra del cuarto,
como el silencio que queda después del amor,
yo asciendo levemente desde el fondo de mi reposo
hasta tus bordes, tenues, apagados, que dulces existen.
Y con mi mano repaso las lindes delicadas de tu vivir retraído
y siento la musical, callada verdad de tu cuerpo, que hace un instante, en desorden, como lumbre cantaba.
El reposo consiente a la masa que perdió por el amor su forma continua,
para despegar hacia arriba con la voraz irregularidad de la llama,
convertirse otra vez en el cuerpo veraz que en sus límites se rehace.

Tocando esos bordes, sedosos, indemnes, tibios, delicadamente desnudos,
se sabe que la amada persiste en su vida.
Momentánea destrucción el amor, combustión que amenaza
al puro ser que amamos, al que nuestro fuego vulnera,
solo cuando desprendidos de sus lumbres deshechas
la miramos, reconocemos perfecta, cuajada, reciente la vida,
la silenciosa y cálida vida que desde su dulce exterioridad nos llamaba.
He aquí el perfecto vaso del amor que, colmado,
opulento de su sangre serena, dorado reluce.
He aquí los senos, el vientre, su redondo muslo, su acabado pie,
y arriba los hombros, el cuello de suave pluma reciente,
la mejilla no quemada, no ardida, cándida en su rosa nacido,
y la frente donde habita el pensamiento diario de nuestro amor, que allí lúcido vela.

En medio, sellando el rostro nítido que la tarde amarilla caldea
sin celo,
está la boca fina, rasgada, pura en las luces.
Oh temerosa llave del recinto del fuego.
Rozo tu delicada piel con estos dedos que temen y saben,
mientras pongo mi boca sobre tu cabellera apagada.

NOMBRE

Mía eres. Pero otro
es aparentemente tu dueño. Por eso,
cuando digo tu nombre,
algo oculto se agita en mi alma.
Tu nombre suave, apenas pasado delicadamente por mi labio.
Pasa, se detiene, en el borde un instante se queda,
y luego vuela ligero, ¿quién lo creyera?: hecho puro sonido.
Me duele tu nombre como tu misma dolorosa carne en mis
labios.
No sé si él emerge de mi pecho. Allí estaba
dormido, celeste, acaso luminoso. Recorría mi sangre
su sabido dominio, pero llegaba un instante
en que pasaba por la secreta yema donde tú residías,
secreto nombre, nunca sabido, por nadie aprendido,
doradamente quieto, cubierto solo, sin ruido, por mi leve
sangre.
Ella luego te traía a mis labios. Mi sangre pasaba
con su luz todavía por mi boca. Y yo entonces estaba hablando
con alguien
y arribaba el momento en que tu nombre con mi sangre pasaba
por mi labio.
Un instante mi labio por virtud de su sangre sabía
a ti, y se ponía dorado, luminoso: brillaba de tu sabor sin que
nadie lo viera.
Oh, cuán dulce era callar entonces, un momento. Tu nombre,
¿decirlo? ¿Dejarlo que brillara, secreto, revelado a los otros?
Oh, callarlo, más secretamente que nunca, tenerlo en la boca,
sentirlo
continuo, dulce, lento, sensible sobre la lengua, y luego,
cerrando los ojos,

dejarlo pasar al pecho
de nuevo, en su paz querida, en la visita callada
que se alberga, se aposenta y delicadamente se efunde.

Hoy tu nombre está aquí. No decirlo, no decirlo jamás, como
un beso
que nadie daría, como nadie daría los labios a otro amor sino al
suyo.

CORONACIÓN DEL AMOR

Mirad a los amantes.
Quieta la amada descansa muy leve,
como a su lado reposa el corazón del amante.
Es al poniente hermoso. Han pasado los besos
como la cálida propagación de la luz.
Ondas hubo encendidas que agitadas cruzaron,
coloreadas como las mismas nubes que una dicha envolvieron.
Luz confusa, son de los árboles conmovidos por el furioso y
 dulce soplo del amor,
que agitó sus ramajes, mientras un instante, absorbido, su
 verdor se endulzaba.
Para quedar sereno y claro el día, puro el azul,
sosegada la bóveda que las felices frentes coronara.

Miradles ahora dueños de su sangre, vencido
el tumultuoso ardor que flamígera puso
su corporal unidad, hecha luz trastornada.
Los dorados amantes, rubios ya, permanecen
sobre un lecho de verde novedad que ha nacido
bajo el fuego. ¡Oh, cuán claros al día!

Helos bajo los aires que los besan
mientras la mañana crece sobre su tenue molicie,
sin pesar nunca, con vocación de rapto leve,
porque la luz quiere como pluma elevarles,
mientras ellos sonríen a su amor, sosegados,
coronados del fuego que no quema,
pasados por las alas altísimas que ellos sienten cual besos
para sus puros labios que el amor no destruye.

2

DESDE LA LARGA DUDA

1

¿Te quiere?
¿No te quiere?
¡Dichoso el tiempo del saberlo siempre!
Dichoso el que besa fuerte
y besa cierto. Y dice: «Tente»,
y enreda en la cintura tenue
un brazo robusto
y suficiente.
Y siente la boca segura
bajo su boca caliente,
y el pecho extenso y siervo
como la tierra bajo el sol ardiente.

2

SIN ESPERANZA

Oh odio que no se redime,
que no se engaña
con la palabra;
que no charla,
que no se desparrama,
que no se pierde
y agua.

Odio concreto
que no es amor confuso,
amor turbio,
amor oscuro
y sucio.

EL ÚLTIMO AMOR

I

Amor mío, amor mío.
Y la palabra suena en el vacío. Y se está solo.
Y acaba de irse aquélla que nos quería. Acaba de salir. Acabamos de oír cerrarse la puerta.
Todavía nuestros brazos están tendidos. Y la voz se queja en la garganta.
Amor mío...

Cállate. Vuelve sobre tus pasos. Cierra despacio la puerta, si es que no quedó bien cerrada.
Regrésate.
Siéntate ahí, y descansa.
No, no oigas el ruido de la calle. No vuelve. No puede volver.
Se ha marchado, y estás solo.
No levantes los ojos para mirarlo todo, como si en todo aún estuviera.
Se está haciendo de noche.
Ponte así: tu rostro en tu mano.
Apóyate. Descansa.
Te envuelve dulcemente la oscuridad, y lentamente te borra.
Todavía respiras. Duerme.
Duerme si puedes. Duerme poquito a poco, deshaciéndote, desliéndote en la noche que poco a poco te anega.

¿No oyes? No, ya no oyes. El puro
silencio eres tú, oh dormido, oh abandonado,
oh solitario.
¡Oh, si yo pudiera hacer
que nunca más despertases!

II

Las palabras del abandono. Las de la amargura.

Yo mismo, sí, yo y no otro.
Yo las oí. Sonaban como las demás. Daban el mismo sonido.
Las decían los mismos labios, que hacían el mismo movimiento.
Pero no se las podía oír igual. Porque significaban: las palabras
significan. Ay, si las palabras fuesen solo un suave sonido,
y cerrando los ojos se las pudiese escuchar en el sueño...

Yo las oí. Y su sonido final fue como el de una llave que se cierra.
Como un portazo.
Las oí, y quedé mudo.
Y oí los pasos que se alejaron.
Volví, y me senté.
Silenciosamente cerré la puerta yo mismo.
Sin ruido. Y me senté. Sin sollozo.
Sereno, mientras la noche empezaba.
La noche larga. Y apoyé mi cabeza en mi mano.
Y dije...

Pero no dije nada. Moví mis labios. Suavemente, suavísimamente.
Y dibujé todavía
el último gesto, ese
que yo ya nunca repetiría.

III

Porque era el último amor. ¿No lo sabes?
Era el último. Duérmete. Calla.
Era el último amor...
Y es de noche.

SOMBRA FINAL

SOMBRA FINAL

Pensamiento apagado, alma sombría,
¿quién aquí tú, que largamente beso?
Alma o bulto sin luz, o letal hueso
que inmóvil consumió la fiebre mía.

Aquí ciega pasión se estrelló fría,
aquí mi corazón golpeó obseso,
tercamente insistió, palpitó opreso.
Aquí perdió mi boca su alegría.

Entre mis brazos ciega te he tenido,
bajo mi pecho respiraste amada
y en ti vivió mi sangre su latido.

Oh noche oscura. Ya no espero nada.
La soledad no miente a mi sentido.
Reina la pura sombra sosegada.

II

LA MIRADA EXTENDIDA

TEN ESPERANZA

¿Lo comprendes? Lo has comprendido.
¿Lo repites? Y lo vuelves a repetir.
Siéntate. No mires hacia atrás. ¡Adelante!
Adelante. Levántate. Un poco más. Es la vida.
Es el camino. ¿Que llevas la frente cubierta de sudores, con
espinas, con polvo, con amargura, sin amor, sin mañana?...
Sigue, sigue subiendo. Falta poco. Oh, qué joven eres.
Qué joven, qué jovencísimo, qué recién nacido. Qué ignorante.
Entre tus pelos grises caídos sobre la frente brillan tus claros
ojos azules,
tus vividos, tus lentos ojos puros, allí quedados bajo algún velo.
Oh, no vaciles y álzate. Álzate todavía. ¿Qué quieres?
Coge tu palo de fresno blanco y apóyate. Un brazo a tu lado
quisieras. Míralo.
Míralo, ¿no lo sientes? Allí, súbitamente, está quieto. Es un
bulto silente.
Apenas si el color de su túnica lo denuncia. Y en tu oído una
palabra no pronunciada.
Una palabra sin música, aunque tú la estés escuchando.
Una palabra con viento, con brisa fresca. La que mueve tus
vestidos gastados.
La que suavemente orea tu frente. La que seca tu rostro,
la que enjuga el rastro de aquellas lágrimas.
La que atusa, apenas roza tu cabello gris ahora en la inmediación
de la noche.
Cógete a ese brazo blanco. A ese que apenas conoces, pero que
reconoces.
Yérguete y mira la raya azul del increíble crepúsculo,
la raya de la esperanza en el límite de la tierra.

Y con grandes pasos seguros, enderézate, y allí apoyado, confiado, solo,
échate rápidamente a andar...

EN LA PLAZA

Hermoso es, hermosamente humilde y confiante, vivificador
    y profundo,
sentirse bajo el sol, entre los demás, impelido,
llevado, conducido, mezclado, rumorosamente arrastrado.

No es bueno
quedarse en la orilla
como el malecón o como el molusco que quiere calcáreamente
    imitar a la roca.
Sino que es puro y sereno arrasarse en la dicha
de fluir y perderse,
encontrándose en el movimiento con que el gran corazón
    de los hombres palpita extendido.

Como ese que vive ahí, ignoro en qué piso,
y le he visto bajar por unas escaleras
y adentrarse valientemente entre la multitud y perderse.
La gran masa pasaba. Pero era reconocible el diminuto corazón
    afluido.
Allí, ¿quién lo reconocería? Allí con esperanza, con resolución o
    con fe, con temeroso denuedo,
con silenciosa humildad, allí él también
transcurría.

Era una gran plaza abierta, y había olor de existencia.
Un olor a gran sol descubierto, a viento rizándolo,
un gran viento que sobre las cabezas pasaba su mano,
su gran mano que rozaba las frentes unidas y las reconfortaba.

Y era el serpear que se movía
como un único ser, no sé si desvalido, no sé si poderoso,
pero existente y perceptible, pero cubridor de la tierra.

Allí cada uno puede mirarse y puede alegrarse y puede
reconocerse.
Cuando, en la tarde caldeada, solo en tu gabinete,
con los ojos extraños y la interrogación en la boca,
quisieras algo preguntar a tu imagen,

no te busques en el espejo,
en un extinto diálogo en que no te oyes.
Baja, baja despacio y búscate entre los otros.
Allí están todos, y tú entre ellos.
Oh, desnúdate y fúndete, y reconócete.

Entra despacio, como el bañista que, temeroso, con mucho amor
y recelo al agua,
introduce primero sus pies en la espuma,
y siente el agua subirle, y ya se atreve, y casi ya se decide.
Y ahora con el agua en la cintura todavía no se confía.
Pero él extiende sus brazos, abre al fin sus dos brazos y se
entrega completo.
Y allí fuerte se reconoce, y crece y se lanza,
y avanza y levanta espumas, y salta y confía,
y hiende y late en las aguas vivas, y canta, y es joven.

Así, entra con pies desnudos. Entra en el hervor, en la plaza.
Entra en el torrente que te reclama y allí sé tú mismo.
¡Oh pequeño corazón diminuto, corazón que quiere latir
para ser él también el unánime corazón que le alcanza!

A LA SALIDA DEL PUEBLO

Todos ellos eran hermosos, tristes, silenciosos, viejísimos.
Tomaban el sol y hablaban muy raramente.
Ah el sol aquel dulce, que parecía cargado de la misma
viejísima vida que ellos.
Un sol casi melodioso, irisado, benévolo,
en aquellas lentas tardes de marzo.

No había que hablar con ellos, sino ingresar, demorarse.
El ideal allí parecía ser dormir suavemente
bajo aquel sol y en aquella densísima compañía.
A veces mirándolos se pensaba
en una piedra dorada, arcillosa, quizá pulida por el paso de las
lluvias y de los soles.
Allí puesta la piedra repetida,
allí templada y existida, padecida,
victoriosa y comunicada bajo aquella piadosa luz solar.
Otros quedaban fuera del palio de las ramas
y estaban sentados, acurrucados y meditaban exactamente como
la piedra.
Otros dormían como rodados del monte hace siglos, allí, en el
borde de la inmóvil falda majestuosa.

Pero todos agrupados, diseminados en el corto trecho,
callados y vegetativos, profundos y abandonados a la benigna
mano que los unía.

Mucho allí se podría aprender. De tristeza, de vida, de paciencia,
de limitación, de verdad.
Pasaban los jóvenes alborotando.

Cantaban las muchachas y se atropellaban riendo los niños.
Y nadie miraba.
A un lado del camino solían reunirse los viejos.
Próximo estaba el pueblo, y allí los domingos
era el tránsito y la vida, y la persecución y la agitada inocencia.
Pero ellos dormían, o ajenos miraban.
Solo con una casi metafísica presencia ya para el sol.
Viendo el vaporoso transcurso de los que pasaban.
Sí, como un vapor increíble,
como un vago sueño en que a veces filosóficamente se distraían.

EL POETA CANTA POR TODOS

I

Allí están todos, y tú los estás mirando pasar.
¡Ah, sí, allí, cómo quisieras mezclarte y reconocerte!

El furioso torbellino dentro del corazón te enloquece.
Masa frenética de dolor, salpicada
contra aquellas mudas paredes interiores de carne.
Y entonces en un último esfuerzo te decides. Sí, pasan.
Todos están pasando. Hay niños, mujeres. Hombres serios. Luto cierto, miradas.
Y una masa sola, un único ser, reconcentradamente desfila.
Y tú, con el corazón apretado, convulso de tu solitario dolor, en un último esfuerzo te sumes.
Sí, al fin, ¡cómo te encuentras y hallas!
Allí serenamente en la ola te entregas. Quedamente derivas.
Y vas acunadamente empujado, como mecido, ablandado.
Y oyes un rumor denso, como un cántico ensordecido.
Son miles de corazones que hacen un único corazón que te lleva.

II

Un único corazón que te lleva.
Abdica de tu propio dolor. Distiende tu propio corazón contraído.
Un único corazón te recorre, un único latido sube a tus ojos,
poderosamente invade tu cuerpo, levanta tu pecho, te hace agitar las manos cuando ahora avanzas.

Y si te yergues un instante, si un instante levantas la voz,
yo sé bien lo que cantas.
Eso que desde todos los oscuros cuerpos casi infinitos se ha
unido y relampagueado,
que a través de cuerpos y almas se liberta de pronto en tu grito,
es la voz de los que te llevan, la voz verdadera y alzada
donde tú puedes escucharte, donde tú, con asombro, te reconoces.
La voz que por tu garganta, desde todos los corazones esparcidos,
se alza limpiamente en el aire.

III

Y para todos los oídos. Sí. Míralas cómo te oyen.
Se están escuchando a sí mismos. Están escuchando una única
voz que los canta.
Masa misma del canto, se mueven como una onda.
Y tú sumido, casi disuelto, como un nudo de su ser te conoces.
Suena la voz que los lleva. Se acuesta como un camino.
Todas las plantas están pisándola.
Están pisándola hermosamente, están grabándola con su carne.
Y ella se despliega y ofrece, y toda la masa gravemente desfila.
Como una montaña sube. Es la senda de los que marchan.
Y asciende hasta el pico claro. Y el sol se abre sobre las frentes.
Y en la cumbre, con su grandeza, están todos ya cantando.
Y es tu voz la que les expresa. Tu voz colectiva y alzada.
Y un cielo de poderío, completamente existente,
hace ahora con majestad el eco entero del hombre.

VAGABUNDO CONTINUO

Hemos andado despacio, sin acabar nunca.
Salimos una madrugada, hace mucho, oh, sí, hace muchísimo.
Hemos andado caminos, estepas, trochas, llanazos.
Las sienes grises azotadas por vientos largos. Los cabellos enredados en polvo, en espinas, en ramas, a veces en flores.
Oímos el bramar de las fieras, en las noches, cuando dormíamos junto a un fuego serenador.
Y en los amaneceres goteantes oímos a los pájaros gritadores.
Y vimos gruesas serpientes dibujar su pregunta, arrastrándose sobre el polvo.
Y la larga y lejana respuesta de la manada de los elefantes.
Búfalos y bisontes, anchos, estúpidos hipopótamos, coriáceos caimanes, débiles colibríes.
Y las enormes cataratas donde un cuerpo humano caería como una hoja.
Y el orear de una brisa increíble.
Y el cuchillo en la selva, y los blancos colmillos, y la enorme avenida de las fieras y de sus víctimas huyendo de las enllamecidas devastaciones.

Y hemos llegado al poblado. Negros o blancos, tristes. Hombres, mujeres.
Niños como una pluma. Una plumilla oscura, un gemido, quizá una sombra, algún junco.
Y una penumbra grande, redonda, en el cielo, sobre las chozas. Y el brujo. Y sus dientes hueros.

Y el tam-tam en la oscuridad. Y la llama, y el canto. Oh, ¿quién
se queja?
No es la selva la que se queja. Son solo sombras, son hombres.
Es una vasta criatura solo, olvidada, desnuda.
Es un inmenso niño de oscuridad que yo he visto, y temblado.

Y luego seguir. La salida, la estepa. Otro cielo, otros climas.
Hombre de caminar que en tus ojos lo llevas.
Hombre que de madrugada, hace mucho, hace casi infinito,
saliste.
Adelantaste tu pie, pie primero, pie desnudo. ¿Te acuerdas?
Y, ahora un momento inmóvil, parece que rememoras.
Mas sigue...

EL NIÑO MURIÓ

(NANA EN LA SELVA)

¿Quién sufre? Pasé de prisa.

¿Quién se queja? Y me detuve.

La choza estaba oscura. Y la voz: «¿Quién te quiere a ti, corzo mío?». Pero el niño no se callaba.

«Rey de la selva viva, rey mío.» Y el niño seguía llorando.

El amuleto; el lamento: la madre canta. Canta muy dulcemente. El niñito llora.

Huele a sándalo triste. Mano que mece a un niño. Canta. ¿Quién sueña?

El lamento largo no cesa. Dura más que la vida. El niñito calla. Canta la madre.

Más allá de la vida canta la madre. Duerme la selva.

EL VISITANTE

Aquí también entré, en esta casa.
Aquí vi a la madre cómo cosía.
Una niña, casi una mujer (alguien diría: qué alta, qué guapa se está poniendo),
alzó sus grandes ojos oscuros, que no me miraban.
Otro chiquillo, una menuda sombra, apenas un grito, un ruidillo por el suelo,
tocó mis piernas suavemente, sin verme.
Fuera, a la entrada, un hombre golpeaba, confiado, en un hierro.

Y entré, y no me vieron.
Entré por una puerta, para salir por otra.

Un viento pareció mover aquellos vestidos.

Y la hija alzó su cara, sus grandes ojos vagos y llevó a su frente sus dedos.

Un suspiro profundo y silencioso exhaló el pecho de la madre.

El niño se sintió cansado y dulcemente cerró los ojos.

El padre detuvo su maza y dejó su mirada en la raya azul del crepúsculo.

EL OTRO DOLOR

A veces, sentado, después de la larguísima jornada, en el largo
camino, me tiento y casi te reconozco.
Dentro estás, dormida allí, madre mía, desde hace tantos años,
tendida, amorosamente sepultada, intacta en tus bordes.
Y ando, y no se me nota. Y digo, y tampoco.
Como el casco de una metralla que incrustado en el ser allí vive
y, quedado, no se conoce,
así a veces tú, queda en mí, dentro de mi vivir me acompañas.
Pero muevo esta mano, y no te recuerdo.
Y pronuncio unas palabras de amor para alguien, y parece
que lo que allí dentro está no las roza cuando las exhalo.
Y sigo y camino, y padezco y me afano,
siempre yo estuche vivo, caja viva de tu dormir, que mudo en
mí llevo.

Pero a veces he sufrido y camino de prisa, y he tropezado y
rodado, y algo me duele.
Algo que llevo dentro, aquí, ¿dónde?, en tu sereno vivir en mi
alma, que blando se queja.
Oh, sí, cómo te reconozco. Aquí estás. ¿Te he dolido?
Hemos caído, hemos rodado juntos, madre mía serena, y solo
te siento porque me dueles.
Me dueles tú como una pena que mitigase otra pena,
como una pena que al aflorar anegase.
Y blando dolor, como una existencia que me hiciese bajar la
cabeza hacia tu sentimiento,
se reparte por todo yo y me consuela, oh madre mía, oh mi
antigua y permanente, oh tú que me alcanzas.

Y el otro dolor agudo, el del camino, el lacerante que me aturdía,
blandamente se suaviza como si una mano lo apaciguase,
mientras todo el ser anegado de tu blanda caricia de pena
es conciencia de ti, caja suave de ti, que me habitas.

EL VIEJO Y EL SOL

Había vivido mucho.
Se apoyaba allí, viejo, en un tronco, en un gruesísimo tronco,
muchas tardes cuando el sol caía.
Yo pasaba por allí a aquellas horas y me detenía a observarle.
Era viejo y tenía la faz arrugada, apagados, más que tristes, los ojos.
Se apoyaba en el tronco, y el sol se le acercaba primero, le mordía suavemente los pies
y allí se quedaba unos momentos como acurrucado.
Después ascendía e iba sumergiéndole, anegándole,
tirando suavemente de él, unificándole en su dulce luz.
¡Oh el viejo vivir, el viejo quedar, cómo se desleía!
Toda la quemazón, la historia de la tristeza, el resto de las arrugas, la miseria de la piel roída,
¡cómo iba lentamente limándose, deshaciéndose!
Como una roca que en el torrente devastador se va dulcemente desmoronando,
rindiéndose a un amor sonorísimo,
así, en aquel silencio, el viejo se iba lentamente anulando, lentamente entregando.
Y yo veía el poderoso sol lentamente morderle con mucho amor y adormirle
para así poco a poco tomarle, para así poquito a poco disolverle en su luz,
como una madre que a su niño suavísimamente en su seno lo reinstalase.

Yo pasaba y lo veía. Pero a veces no veía sino un sutilísimo resto.
    Apenas un levísimo encaje del ser.
Lo que quedaba después que el viejo amoroso, el viejo dulce,
    había pasado ya a ser la luz
y despaciosísimamente era arrastrado en los rayos postreros
    del sol,
como tantas otras invisibles cosas del mundo.

LA OSCURIDAD

No pretendas encontrar una solución. ¡Has mantenido tanto
tiempo abiertos los ojos!
Conocer, penetrar, indagar: una pasión que dura lo que la vida.
Desde que el niño furioso abre los ojos. Desde que rompe su
primer juguete.
Desde que quiebra la cabeza de aquel muñeco y ve, mira el
inexplicable vapor que no ven los otros ojos humanos.
Los que le regañan, los que dicen: «¿Ves? ¡Y te lo acabábamos
de regalar!...».
Y el niño no les oye porque está mirando, quizá está oyendo el
inexplicable sonido.

Después cuando muchacho, cuando joven.
El primer desengaño. El primer beso no correspondido.

Y luego de hombre, cuando ve sudores y penas, y tráfago, y
muchedumbre.
Y con generoso corazón se siente arrastrado
y es una sola oleada con la multitud, con la de los que van
como él.
Porque todos ellos son uno, uno solo: él; como él es todos.
Una sola criatura viviente, padecida, de la que cada uno, sin
saberlo, es totalmente solidario.

Y luego, separado un instante, pero con la mano tentando el
extremo vivo donde se siente y hasta donde llega el latir
de las otras manos,
escribir aquello o indagar esto, o estudiar en larga vigilia,
ahora con las primeras turbias gafas ante los ojos, ante los cansados
y esperanzados y dulces ojos que siempre preguntan.

Y luego encenderse una luz. Es por la tarde. Ha caído lentamente
el sol y se dora el ocaso.
Y hay unos salpicados cabellos blancos, y la lenta cabeza suave
se inclina sobre una página.

Y la noche ha llegado. Es la noche larga.
Acéptala. Acéptala blandamente. Es la hora del sueño.
Tiéndete lentamente y déjate lentamente dormir.
Oh, sí. Todo está oscuro y no sabes. Pero ¿qué importa?
Nunca has sabido, ni has podido saber.
Pero ya has cerrado blandamente los ojos
y ahora como aquel niño,
como el niño que ya no puede romper el juguete,
estás tendido en la oscuridad y sientes la suave mano quietísima,
la grande y sedosa mano que cierra tus cansados ojos vividos,
y tú aceptas la oscuridad y compasivamente te rindes.

EL NIÑO Y EL HOMBRE

A José A. Muñoz Rojas

I

El niño comprende al hombre que va a ser,
y callándose, por indicios, nos muestra, como un padre, al
hombre que apenas todavía se puede adivinar.
Pero él lo lleva, y lo conduce, y a veces lo desmiente en sí
mismo, valientemente, como defendiéndolo.
Si mirásemos hondamente en los ojos del niño, en su rostro
inocente y dulce,
veríamos allí, quieto, ligado, silencioso,
al hombre que después va a estallar, al rostro experimentado y
duro, al rostro espeso y oscuro
que con una mirada de desesperación nos contempla.

Y nada podemos hacer por él. Está reducido, maniatado,
tremendo.
Y detrás de los barrotes, a través de la pura luz de la tranquila
pupila dulcísima,
vemos la desesperación y el violento callar, el cuerpo crudo y la
mirada feroz,
y un momento nos asomamos con sobrecogimiento
para mirar el cargado y tapiado silencio que nos contempla.

Sí. Por eso vemos al niño con descuidada risa perseguir por el
parque el aro gayo de rodantes colores.
Y le vemos despedir de sus manos los pájaros inocentes.

Y pisar unas flores tímidas tan levemente que nunca estruja su
viviente aromar.
Y dar gritos alegres y venir corriendo a nosotros, y sonreírnos
con aquellos ojos felices donde solo apresuradamente miramos,
oh ignorantes, oh ligeros, la ilusión de vivir y la confiada llamada
a los corazones.

II

Oh, niño, que acabaste antes de lo que nadie esperaba,
niño que, con una tristeza infinita de los que te rodeaban,
acabaste en la risa.
Estás tendido, blanco en tu dulzura póstuma,
y un rayo de luz continuamente se abate sobre tu cabeza dorada.

En un momento de soledad yo me acerco.
Rubio el bucle inocente, externa y tersa aún
la aterciopelada mejilla inmóvil,
un halo de quietud pensativa y vigilante
en toda tu actitud de pronto se me revela.

Yo me acerco y te miro. Me acerco más y me asomo.
Oh, sí, yo sé bien lo que tú vigilas.
Niño grande, inmenso, que cuidas celosamente al que del todo
ha muerto.
Allí está oculto, detrás de tus grandes ojos,
allí en la otra pieza callada. Allí, dormido, desligado, presente.
Distendido el revuelto ceño, caída la innecesaria mordaza rota.
Aflojado en su secreto sueño, casi dulce en su terrible cara en
reposo.

Y al verdadero muerto, al hombre que definitivamente no nació,
el niño vigilante calladamente bajo su apariencia lo vela.
Y todos pasan, y nadie sabe que junto a la definitiva soledad del
hondo muerto en su seno,
un niño pide silencio con un dedo en los labios.

III

LA REALIDAD

LA REALIDAD

Sí, detenida;
nunca como desamor,
nunca huida, jamás como sueño, nunca solo como el deseo.
En esta hora
del mediodía, blanca, preciosa, pura, limpísima;
en esta transparente hora del día completo.

Lo mismo que podría ser por la noche.
Porque siempre existes.
He soñado mucho. Toda mi vida soñando. Toda mi vida
tentando bultos, confesando bultos.
Toda mi vida ciego dibujando personas.

Recuerdo aquel amor: ¿era amor?
Recuerdo aquel corazón. ¿Tenía la forma del corazón?
Recuerdo aquella música que yo pretendía escuchar en un pecho.
Me quedaba dormido sobre un pecho cerrado. Y soñaba el
hermoso color del amor en el corazón latidero.

Tenté bultos, indagué cuidados:
escuché el sonido del viento,
nocturnamente azotando, fingiendo, tomando de pronto la
forma de un cuerpo,
adelantando una mano; y oía su voz. Y mi nombre. Y se oía...

Pero no oía nada.
Así, por la vida;
por todos los libros;
por las arenas; entre la mar; en las cuevas; debajo del tiempo...

Siempre soñando, o callando.
Destrozado de ropas. O vestido de nuevo.
O agolpado de pronto sobre una roca, desnudo, insumiso.

Pero engañándome.

Y hoy,
aquí, en este cuarto con sol,
con delicado sol casi doméstico;
hoy, detenido,
aquí, con la ventana abierta, esperando.
Pero no esperando lo que nunca llega.
Porque tú sí que llegas. Porque un instante te has ido y vuelves.
Vuelves, y te veo llegar sobre un fondo de pared blanca.
En un jardín. Y te veo llegar entre acacias muy verdes,
con olor vivo, y sonidos...

Nunca como desamor,
nunca como el afán,
jamás solo como el deseo.
Sino con tu dibujo preciso
que yo no tengo
que trazar
con mi sueño...

EL ALMA

El día ha amanecido.
Anoche te he tenido en mis brazos.
Qué misterioso es el color de la carne.
Anoche, más suave que nunca:
Carne casi soñada.
Lo mismo que si el alma al fin fuera tangible.
Alma mía, tus bordes,
tu casi luz, tu tibieza conforme…
Repasaba tu pecho, tu garganta,
tu cintura: lo terso,
lo misterioso, lo maravillosamente expresado.
Tocaba despacio, despacísimo, lento,
el inoíble rumor del alma pura, del alma manifestada.
Esa noche, abarcable; cada día, cada minuto, abarcable.
El alma con su olor a azucena.
Oh, no: con su sima,
con su irrupción misteriosa de bulto vivo.
El alma por donde navegar no es preciso
porque a mi lado extendida, arribada, se muestra
como una inmensa flor; oh, no: como un cuerpo
    maravillosamente investido.

Ondas de alma..., alma reconocible.
Mirando, tentando su brillo conforme,
su limitado brillo que mi mano somete,
creo,
creo, amor mío, realidad, mi destino,
alma olorosa, espíritu que se realiza,
maravilloso misterio que lentamente se teje,

hasta hacerse ya como un cuerpo,
comunicación que bajo mis ojos miro formarse,
organizarse,
y conformemente brillar,
trasminar,
trascender,
en su dibujo bellísimo,
en su sola verdad de cuerpo advenido;
oh dulce realidad que yo aprieto, con mi mano, que por una
manifestada suavidad se desliza.

Así, amada mía,
cuando desnuda te rozo,
cuando muy lento, despacísimo, regaladamente te toco.
En la maravillosa noche de nuestro amor.
Con luz, para mirarte.
Con bella luz porque es para ti.
Para engolfarme en mi dicha.
Para olerte, adorarte,
para, ceñida, trastornarme con tu emanación.
Para amasarte con estos brazos que sin cansancio se ahorman.
Para sentir contra mi pecho todos los brillos,
contagiándome de ti,
que, alma, como una niña sonríes
cuando te digo: «Alma mía...».

TIERRA DEL MAR

Habitaba conmigo allí en la colina espaciosa.
Vivíamos sobre el mar.
Y muchas veces me había dicho:
«¡Oh, vivir allí los dos solos,
con riscos, cielo desnudo, verdad del sol!».
Y pude llevármela. Una casita colgaba
como despeñada, suspensa
en algunos poderosos brazos que nos amasen.

Allí habitábamos. Veíamos en la distancia
trepar a las cabras salvajes, dibujadas contra los cielos.
El rumor de la trompa lejana
parecía un trueno que se adurmiese.
Todo era vida pelada y completa.
Allí, sobre la piedra dorada por el sol bondadoso,
su forma se me aquietaba, permanecía.
Siempre temía verla desvanecerse.
Cuando la estrechaba en mis brazos
parecía que era sobre todo por retenerla.
¡Ah, cómo la comprobaba, suavidad a suavidad,
en aquel su tersísimo cuerpo que la ofrecía!

Lo que más me sorprendía era su dulce calor.
Y el sonido de su voz,
cuando yo no la veía,
me parecía siempre que podía ser el viento contra las rocas.
No había árboles. Apenas algún arce, algún pino.
A veces se templaba una loma con un ahogado sofoco.
Pero el cielo poderoso vertía luz dorada, color fuerte, templado
hálito.

Lejos estaba el mar: añil puro.
Los cantiles tajantes parecían cuajados, petrificados de resplandor.
En la amarilla luz todo semejaba despedazado,
rodado, quedado,
desde un violento cielo de júpiter.

Pero en la cumbre todo poseía templanza. Y ella
hablaba con dulzura, y había suavidad,
y toda la exaltación terrestre se aquietaba en aquel diminuto
nudo de dicha.

Había días que yo estaba solo.
Se levantaba antes que yo, y cuando yo me despertaba,
solo un viento puro y templado penetraba mudo por la ventana.
Todo el día era así silencioso,
eterno día con la luz quedada.
Vagaba quizá por la altura, y cuando regresaba había como una
larga fatiga en sus ojos.
Como un ocaso caído,
como una noche que yo no conociese.
Como si sus ojos no viesen toda aquella luz que nos rodeaba.

Por la noche dormía largamente, mientras yo vigilaba,
mientras yo me detenía sobre su velo intacto,
mientras su pecho no se movía.

Pero amanecer era dulce. ¡Con qué impaciencia lo deseaba!
Ojos claros abiertos, sonrientes vivían.
Y besos dulces parecían nacer, y un sofocado sol de lirio puro
penetraba por la ventana.

Siempre ida, venida, llegada, retenida,
siempre infinitamente espiada,
vivíamos sobre la colina sola.
Y yo solo descansaba cuando la veía dormir dichosa en mis brazos,
en algunas largas noches de seda.

Tierra del mar que giraba sin peso,
llevando un infinito miedo del amor
y una apurada dicha hasta sus bordes.

TENDIDOS, DE NOCHE

Por eso tú,
quieta así, contemplándote,
casi escrutándote, queriendo en la noche mirar muy despacio el color de tus ojos.
Cogiendo tu cara con mis dos manos mientras tendida aquí yaces,
a mi lado, despierta, despertada, muda, mirándome.

Hundirme en tus ojos. Has dormido. Mirarte,
contemplarte sin adoración, con seca mirada. Como no puedo mirarte.
Porque no puedo mirarte sin amor.
Lo sé. Sin amor no te he visto.
¿Cómo serás tú sin amor?
A veces lo pienso. Mirarte sin amor. Verte como serás tú del otro lado.
Del otro lado de mis ojos. Allí donde pasas,
donde pasarías con otra luz, con otro pie,
con otro ruido de pasos. Con otro viento que movería tus vestidos.
Y llegarías. Sonrisa... Llegarías. Mirarte,
y verte como eres. Como no sé que eres.
Como no eres... Porque eres aquí la que duerme.
La que despierto, la que te tengo.
La que en voz baja dice: «Hace frío». La que cuando te beso murmura
casi cristalinamente, y con su olor me enloquece.
La que huele a vida,
a presente, a tiempo dulce,
a tiempo oloroso.
La que señalo si extiendo mi brazo, la que recojo y acerco.

La que siento como tibieza estable,
mientras yo me siento como precipitación que huye,
que pasa, que se destruye y se quema.
La que permanece como una hoja de rosa que no se hace pálida.
La que me da vida sin pasar, presente,
presente inmóvil como amor, en mi dicha,
en este despertar y dormirse, en este amanecer,
en este apagar la luz y decir... Y callarse,
y quedarse dormido del lado del continuo olor que es la vida.

MI ROSTRO EN TUS MANOS

Cuando me miras,
cuando a mi lado, sin moverte, sentada, suave te inclinas;
cuando alargas tus dos manos, suavísima, porque quieres, porque quisieras ahora, tocar, sí, mi cara.
Tus dos manos como de sueño,
que casi como una sombra me alcanzan.
Miro tu rostro. Un soplo de ternura te ha echado como una luz por tus rasgos.
Qué hermosa pareces. Más niña pareces. Y me miras.
Y me estás sonriendo.
¿Qué suplicas cuando alargando tus dos manos, muda, me tocas?
Siento el fervor de la sombra, del humo que vívido llega.
Qué hermosura, alma mía. La habitación, engolfada, quieta reposa.
Y tú estás callada, y yo siento mi rostro, suspenso, dulce, en tus dedos.
Estás suplicando. Como una niña te haces. Una niña suplica.
Estás pidiendo. Se está quebrando una voz que no existe, y que pide.
Amor demorado. Amor en los dedos que pulsa sin ruido,
sin voces. Y yo te miro a los ojos, y miro y te oigo.
Oigo el alma quietísima, niña, que canta escuchada.
Amor como beso. Amor en los dedos, que escucho, cerrado en tus manos.

EN EL BOSQUECILLO

Así la vida es casi fácil. La vida no es tan difícil.
Es día de fiesta, nos levantamos por la mañana, y el mar está enfrente.
Pesada plata con luz, con lomo tranquilo.
A veces una barquilla resbala; apenas se mueve. Y estamos los dos asomados.
¡Qué hermoso ese cielo!
Cielo grande, rendido, redondo, completo. Cielo todo sobre las aguas.
Y salimos. Y la ciudad asciende, y arriba está verde. Ah, tranquilo bosque donde a veces moramos.

Largo es el día en sus troncos. Y allí
la tarde de arriba adviene. Es la luz. Tamizada
entre los pinos, pura, fresquísima.
Toda la idealidad se presiente invisible, más allá de las copas ligeras.
Pero a nosotros nos basta esta pasión serenada en bondad,
este alegrarse a la hora en que mirar el mar alejado que aguarda
es casi inocencia,
es casi alegría continua que, en un instante sin bordes, se diera.

Aquí en la eminencia, el bosquecillo, y allí abajo el mar desplegado, el mar contenido,
el mar en que tantas veces hemos bogado, sumos, en la mañana.
La tarde se cumple, y tú estás tendida, y yo veo las mariposas estivales,
los lentos gusanillos de colores, el diminuto insecto rojo que sube.

Por tu falda ruedan briznas, parecen rodar, descolgándose para ello, los cánticos de los pájaros.
En tu dedo brilla una mota de sangre. Pulcra coccinela que ha ido ascendiendo
y sobre tu uña un instante se queda y duda. Élitros leves,
finas alas interiores que sorprendentemente despliega. Vuela y se aleja
en el zumbido del bosque, puro, caliente.
Casi hubiera podido mirarla sobre tus ojos. Punto dormido,
punto encendido, allí como la vida toda, dulce en tus ojos.

Y luego bajamos. Crujen las púas secas de los pinos bajo el pie claro.
Tarde encendida y clara. Tarde con humos.
Lejos el mar se calla. Pesa, y aún brilla.

¿Oyes? Sí, allá la ciudad parece lentamente encenderse, baja, sin ruido.
Y nosotros ya no nos vemos. Ven. ¡Qué ligeros!
En tu talle, la vida misma. Casi volamos.
Casi nos derrumbamos, corriendo, desde aquel monte, rumbo a la gloria.
Rumbo al silencio puro de ti,
oh noche.

EL SUEÑO

Hay momentos de soledad
en que el corazón reconoce, atónito, que no ama.
Acabamos de incorporarnos, cansados: el día oscuro.
Alguien duerme, inocente, todavía sobre ese lecho.
Pero quizá nosotros dormimos... Ah, no: nos movemos.
Y estamos tristes, callados. La lluvia, allí insiste.
Mañana de bruma lenta, impiadosa. ¡Cuán solos!
Miramos por los cristales. Las ropas, caídas;
el aire, pesado; el agua, sonando. Y el cuarto,
helado en este duro invierno que, fuera, es distinto.

Así te quedas callado, tu rostro en tu palma.
Tu codo sobre la mesa. La silla, en silencio.
Y solo suena el pausado respiro de alguien,
de aquella que allí, serena, bellísima, duerme
y sueña que no la quieres, y tú eres su sueño.

EN EL JARDÍN

¡Es tan dulce saber que nunca se enfada!

Y en su torno la vida
es graciosa.
Nunca veo, allá, venir por poniente
la tormenta morada
que estalle en su rostro.
Una sombra de pesar: es bastante.
«Mira: ¡los pájaros!» O: «Esa rama...». O: «¿Qué luce?...».
Sí. Un viento corre,
pasa, sensible,
oloroso.

Flores en el jardín, que ella prueba. Hay un arce.
Alto, aromático, hermoso
en su majestad juvenil. Y ella a veces
está allí paralela, esbeltísima, grácil,
con su templanza fragante, su novedad,
y allí dura.

Otras veces se agita por el jardín, entre luces.
Rubio su pelo: una mano del sol con furia lo mueve...
Pero yo veo sus colores, su movimiento por el sendero, frontera
a las rosas.
Y una infinita tristeza, de pronto, me llena.
Rosas, y su amor. Y sus pétalos. Flores.
Y su rostro que mira, sin tiempo, en aromas.
¡Cómo brilla y se instala, entre olores! Y es joven.

Eternamente juvenil la mañana
la rodea.
Su vestido ligero, traspasado por la luz, ardió. ¡Y es tan puro
mirarla, a ella, mientras ajena a su tenue desnudez va tentando
los claveles carnosos, los aéreos alhelíes, los secretos
ramos de olor invisible que sus pies van pisando!

Desnuda, pudorosa en la luz, el rostro instantáneo, sin tiempo,
me mira,
y desde allá me ama, misterioso, increído.
Y un momento desgarradoramente la llamo.
Con mi voz natural. (Aquí su nombre.)
Y se acerca, se hace tocable, penetra.
En su ruido veraz. Rompiente, fresquísima,
y me entrega su ramo de flores.
Presente, con su olor a esta hora,
con su mano mojada, a esta hora,
con su beso —su calor—,
a esta hora.

LA CERTEZA

No quiero engañarme.
A tu lado, cerrando mis ojos, puedo pensar otras cosas.
Ver la vida; ese cielo... La tierra; aquel hombre...
Y entonces mover esta mano,
y tentar, tentar otra cosa.
Y salir al umbral, y mirar. Mirar, ver, oler, penetrar, comulgar, escuchar. Ser, ser, estarme.
Pero aquí, amor, quieta estancia silenciosa, olor detenido;
aquí, por fin, realidad que año tras año he buscado.
Tú, rumor de presente quietísimo, que musicalmente me llena.
Resonado me hallo. ¿Cómo dejarte?
¿Cómo abandonarte, quietud de mi vida que engolfada se abre,
se recrea, espejea, se vive? Cielo, cielo en su hondura.

Por eso tú, aquí con tu nombre, con tu pelo gracioso, con tus ojos tranquilos,
con tu fina forma de viento,
con tu golpe de estar, con tu súbita realidad realizada en mi hora.
Aquí, acariciada, tentada, reída, escuchada,
misteriosamente aspirada.
Aquí en la noche: en el día; en el minuto: en el siglo.
Jugando un instante con tu cabello de oro,
o tentando con mis dedos la piel delicada,
la del labio, la que levísima vive.

Así, marchando por la ciudad: «¡Ten cuidado: ese coche!...».
O saliendo a los campos: «No es la alondra: es un mirlo...».
Penetrando en una habitación, agolpada de sombras, hombres, vestidos.

Riéndonos gozosamente entre rostros borrados.
Encendiendo una luz mientras tu carcajada se escucha,
tu retiñir cristalino.
O saliendo a la noche: «Mira: estrellas». O: «¿qué brilla?».
«Sí; caminemos.»

Todo en su hora, diario, misterioso, creído.
Como una luz, como un silencio, como un fervor
que apenas se mueve. Como un estar donde llegas.

Por eso... Por eso callo cuando te acaricio,
cuando te compruebo y no sueño.
Cuando me sonrío con los dientes más blancos, más limpios, que
besas.
Tú, mi inocencia,
mi dicha apurada,
mi dicha no consumida.

Por eso no cierro los ojos.
Y si los cierro es dormido,
dormido a tu lado, tendido, sonreído, escuchado, más besado,
en tu sueño.

IV

LA MIRADA INFANTIL

AL COLEGIO

Yo iba en bicicleta al colegio.
Por una apacible calle muy céntrica de la noble ciudad misteriosa.
Pasaba ceñida de luces, y los carruajes no hacían ruido.
Pasaban majestuosos, llevados por nobles alazanes o bayos, que
caminaban con eminente porte.
¡Cómo alzaban sus manos al avanzar, señoriales, definitivos,
no desdeñando el mundo, pero contemplándolo
desde la soberana majestad de sus crines!
Dentro, ¿qué? Viejas señoras, apenas poco más que de encaje,
chorreras silenciosas, empinados peinados, viejísimos terciopelos:
silencio puro que pasaba arrastrado por el lento tronco brillante.

Yo iba en bicicleta, casi alado, aspirante.
Y había anchas aceras por aquella calle soleada.
En el sol, alguna introducida mariposa volaba sobre los carruajes
y luego por las aceras
sobre los lentos transeúntes de humo.
Pero eran madres que sacaban a sus niños más chicos.
Y padres que en oficinas de cristal y sueño...
Yo al pasar los miraba.
Yo bogaba en el humo dulce, y allí la mariposa no se extrañaba.
Pálida en la irisada tarde de invierno,
se alargaba en la despaciosa calle como sobre un abrigado valle
lentísimo.
Y la vi alzarse alguna vez para quedar suspendida
sobre aquello que bien podía ser borde ameno de un río.
Ah, nada era terrible.
La céntrica calle tenía una posible cuesta y yo ascendía,
impulsado.

Un viento barría los sombreros de las viejas señoras.
No se hería en los apacibles bastones de los caballeros.
Y encendía como una rosa de ilusión, y apenas de beso, en las mejillas de los inocentes.
Los árboles en hilera eran un vapor inmóvil, delicadamente
suspenso bajo el azul. Y yo casi ya por el aire,
yo apresurado pasaba en mi bicicleta y me sonreía...
y recuerdo perfectamente
cómo misteriosamente plegaba mis alas en el umbral mismo del colegio.

LA CLASE

Como un niño que en la tarde brumosa va diciendo su lección
y se duerme.
Y allí sobre el magno pupitre está el mudo profesor que no
escucha.
Y ha entrado en la última hora un vapor leve, porfiado,
pronto espesísimo, y ha ido envolviéndolos a todos.
Todos blandos, tranquilos, serenados, suspiradores,
ah, cuán verdaderamente reconocibles.
Por la mañana han jugado,
han quebrado, proyectado sus límites, sus ángulos, sus risas, sus
imprecaciones, quizá sus lloros.
Y ahora una brisa inoíble, una bruma, un silencio, casi un beso,
los une,
los borra, los acaricia, suavísimamente los recompone.
Ahora son como son. Ahora puede reconocérseles.
Y todos en la clase se han ido adurmiendo.
Y se alza la voz todavía, porque la clase dormida se sobrevive.
Una borrosa voz sin destino, que se oye y que no se supiera ya
de quién fuese.

Y existe la bruma dulce, casi olorosa, embriagante,
y todos tienen su cabeza sobre la blanda nube que los envuelve.
Y quizá un niño medio se despierta y entreabre los ojos,
y mira y ve también el alto pupitre desdibujado
y sobre él el bulto grueso, casi de trapo, dormido, caído,
del abolido profesor que allí sueña.

LA HERMANILLA

A Conchita

Tenía la naricilla respingona, y era menuda.
¡Cómo le gustaba correr por la arena! Y se metía en el agua,
y nunca se asustaba.
Flotaba allí como si aquél hubiera sido siempre su natural elemento.
Como si las olas la hubieran acercado a la orilla,
trayéndola desde lejos, inocente en la espuma, con los ojos
    abiertos bajo la luz.
Rodaba luego con la onda sobre la arena y se reía, risa de niña
    en la risa del mar,
y se ponía de pie, mojada, pequeñísima,
como recién salida de las valvas de nácar,
y se adentraba en la tierra,
como en préstamo de las olas.

¿Te acuerdas?
Cuéntame lo que hay allí en el fondo del mar.
Dime, dime, yo le pedía.
No recordaba nada.
Y riendo se metía otra vez en el agua
y se tendía sumisamente sobre la olas.

EL NIÑO RARO

Aquel niño tenía extrañas manías.
Siempre jugábamos a que él era un general
que fusilaba a todos sus prisioneros.

Recuerdo aquella vez que me echó al estanque
porque jugábamos a que yo era un pez colorado.

Qué viva fantasía la de sus juegos.
Él era el lobo, el padre que pega, el león, el hombre del largo
cuchillo.

Inventó el juego de los tranvías,
y yo era el niño a quien pasaban por encima las ruedas.

Mucho tiempo después supimos que, detrás de unas tapias lejanas,
miraba a todos con ojos extraños.

«VIOLETA»

Aquel grandullón retador lo decía.
«Violeta.» Y una calleja oscura.
Violeta... Una flor... ¿Pero un nombre?
Y decía, y contaba. Y el niño chico casi no lo entendía.
Cuando él se acercaba, los mayores no se callaban.
Ah, aquella flor oscura, seductora, misteriosa, embriagante,
con un raro nombre de mujer...
«Violeta...» Y en el niño rompía un extraño olor a clavel
reventado.
Y el uno decía: «Fui...». Y el otro: «Llegaba...».
Y un rumor más bisbiseante. Y la gran carcajada súbita,
la explosión, casi hoguera, de una como indecente alegría superior
que exultase.
Y el niño, diminuto, escuchaba.
Como si durmiese bajo su inocencia, bajo un río callado.
Y nadie le veía y dormía.
Y era como si durmiese y pasase leve, bajo las aguas buenas que
le llevaban.

EL MÁS PEQUEÑO

Es el más pequeño de todos, el último.
Pero no le digáis nada; dejadle que juegue.
Es más chico que los demás, y es un niño callado.
Al balón apenas si puede darle con su bota pequeña.
Juega un rato y luego pronto le olvidan.
Todos pasan gritando, sofocados, enormes,
y casi nunca le ven. Él golpea una vez,
y después de mucho rato otra vez,
y los otros se afanan, brincan, lucen, vocean.
La masa inmensa de los muchachos, agolpada, rojiza.
Y pálidamente el niño chico los mira
y mete diminuto su pie pequeño,
y al balón no lo toca.
Y se retira. Y los ve. Son jadeantes,
son desprendidos quizá de arriba, de una montaña,
son quizá un montón de roquedos que llegó ruidosísimo
de allá, de la cumbre.

Y desde el quieto valle, desde el margen del río
el niño chico no los contempla.
Ve la montaña lejana. Los picachos, el cántico de los vientos.
Y cierra los ojos, y oye
el enorme resonar de sus propios pasos gigantes por las rocas
bravías.

LA JOVEN

Tiene ojos grandes, empañados, hondos de dulzura y cariño.
Y una boca fresquísima, tantas veces extensa en su grito claro.
Y me habla. Y de pronto se calla. O comienza a contarme un
cuento.
Es mucho mayor que yo. Y cuando sale conmigo
—porque algunas tardes, al pasar, dice: «¿Vienes conmigo?»—,
casi nunca me lleva de la mano. «Anda: ¡corre!»
Pero yo no quiero correr.
Dime... Y la mirada espía
aquel silencio en que a veces se queda,
y aquella sonrisa súbita como si de pronto llegase,
como si de pronto mirase y estuviese.
Y siento que sus ojos sonrientes están saludándome.
No, antes no estaba.
Antes iba conmigo, pero no estaba.
Es mayor, es muy alta. Y yo miro su frente,
su erguida cabeza, todo allí, todo alto.
Y desde allí me sonríe. Pero sé está conmigo.
Y nos sentamos en el campo. Ahora sí...
Ah, sí, aquí conmigo.
Jugamos a algo. Mas miro
aquellos ojos que son como el mar. Sin saberlo refresco
allí la gozosa infancia, allí bebo
la brisa pura de la mar. Son azules.
Y el niño siente la brisa salada...
Pero ¿qué pasa? Sí, llora.
¿Dónde, dónde llora? Porque no aquí conmigo.
Llora en su cabeza erguida, en sus solitarios ojos de mujer.

Y el niño —qué pequeño— la mira,
derribado, lejanísimo, mientras ella se levanta
rehusada en su altura, y cogiéndome
se aleja, sin mí, sí, llevándome
de la mano, y avanza, en su bellísima figura de mujer sola.

EN EL LAGO

Por la ciudad callada el niño pasa.
No hacen ruido las voces, ni los pasos.
Es un niño pequeño en su bicicleta.
Atraviesa la calle majestuosa, enorme, cruzada por los lentos tranvías.
Y sortea carruajes, carros finos, cuidados.
Y va suavemente con las manos al aire, casi dichoso.
De pronto, ¿qué? Sí, el gran parque
que se lo traga.
¡Cómo pedalea por la avenida central, rumbo al lago!
Y el niño quisiera entrar en el agua, y por allí deslizarse, ligero sobre la espuma.
(¡Qué maravillosa bicicleta sobre las aguas, rauda con su estela levísima!
¡Y qué desvariar por las ondas, sin pesar, bajo cielos!...)
Pero el niño se apea junto al lago. Una barca.
Y rema dulcemente, muy despacio, y va solo.
Allí la estatua grande sobre la orilla, y en la otra orilla el sueño bajo los árboles.
Suena el viento en las ramas, y el niño se va acercando.
Es el verano puro de la ciudad, y suena el viento allí quedamente.
Sombras, boscaje, oleadas de sueño que cantan dulces.
Y el niño solo se acerca y rema, rema muy quedo.
Está cansado y es leve. Qué bien la sombra bajo los árboles.
Ah, qué seda o rumor... Y los remos penden, meciéndose.
Y el niño está dormido bajo las grandes hojas,
y sus labios frescos sueñan…, como sus ojos.

UNA NIÑA CRUZABA

Éramos aún niños los dos,
y ella se cruzaba conmigo
en aquel monte verde por donde yo pasaba todos los días.
Ni una palabra. Pájaros y rumores. Y el eco de la mar allí cerca.
¡Ah, la mañana como una risa blanca que se extendiese!
Yo pasando, ligerísimo, sumo, casi vibrátil, rumbo al mar de
 allá abajo.
O rumbo a aquel sorprendente nudo de luz que cruzaba.
Un cabello, un rizo puro de resplandor, una idea
limpia: una niña; algo que no se tocara
y que todavía, en mí, sonriera mucho tiempo después de
 haberla pasado.

¿Cómo te llamas? Nunca lo pregunté. Su gran lazo
eran las recientes alas plegadas. Y nunca
me extrañé de no verla en el instante antes, posándose
generosa a mi lado, aunque sí comprendía
que su ligero cuerpo aún traía el envite del vuelo cuando a pie
 me cruzaba.

Sí, se perdía, y unos pasos más allá, sí, lo sé, levantaba
su luz, su cuerpo ingrave y tomaba
sesgadamente ahora su vuelo,
en una dulce curva de rumor que rondase
al paso apresurado, estremecido, con que yo descendía
aturdido hacia el mar, despeñado desde el alto monte de mi
 delicia.

V

LOS TÉRMINOS

LA EXPLOSIÓN

Yo sé que todo esto tiene un nombre: existirse.
El amor no es el estallido, aunque también exactamente lo sea.
Es como una explosión que durase toda la vida.
Que arranca en el rompimiento que es conocerse y que se abre,
 se abre,
se colorea como una ráfaga repentina que, trasladada en el tiempo,
se alza, se alza y se corona en el transcurrir de la vida,
haciendo que una tarde sea la existencia toda, mejor dicho, que
 toda la existencia sea como una gran tarde,
como una gran tarde toda del amor, donde toda
la luz se diría repentina, repentina en la vida entera,
hasta colmarse en el fin, hasta cumplirse y coronarse en la altura
y allí dar la luz completa, la que se despliega y traslada
como una gran onda, como una gran luz en que los dos nos
 reconociéramos.

Toda la minuciosidad del alma la hemos recorrido.
Sí, somos los amantes que nos quisiéramos una tarde.
La hemos recorrido, esa alma, minuciosamente, cada día
 sorprendiéndonos con un espacio más.
Lo mismo que los enamorados de una tarde, tendidos,
revelados, van recorriendo su cuerpo luminoso, y se absorben,
y en una tarde son y toda la luz se da y estalla, y se hace,
y ha sido una tarde sola del amor, infinita,
y luego en la oscuridad se pierden, y nunca ya se verán, porque
 nunca se reconocerían...

Pero esto es una gran tarde que durase toda la vida. Como
tendidos,
nos existimos, amor mío, y tu alma,
trasladada a la dimensión de la vida, es como un gran cuerpo
que en una tarde infinita yo fuera reconociendo.
Toda la tarde entera del vivir te he querido.
Y ahora lo que allí cae no es el poniente, es solo
la vida toda lo que allí cae; y el ocaso
no es: es el vivir mismo el que termina,
y te quiero. Te quiero y esta tarde se acaba,
tarde dulce, existida, en que nos hemos ido queriendo.
Vida que toda entera como una tarde ha durado.
Años como una hora en que he recorrido tu alma,
descubriéndola despacio, como minuto a minuto.
Porque lo que allí está acabando, quizá, sí, sea la vida.
Pero ahora aquí el estallido que empezó se corona
y en el colmo, en los brillos, toda estás descubierta,
y fue una tarde, un rompiente, y el cenit y las luces
en alto ahora se abren del todo, y aquí estás: ¡nos tenemos!

NO QUEREMOS MORIR

Los amantes no tienen vocación de morir. «¿Moriremos?»
Tú me lo dices, mirándome absorta con ojos grandes: «¡Por siempre!».
«Por siempre», «nunca»: palabras
que los amantes decimos, no por su vano sentido que fluye y pasa,
sino por su retención al oído, por su brusco tañir y su vibración prolongada,
que acaba ahora, que va cesando..., que dulcemente se apaga como una extinción en el sueño.

No queremos morir, ¿verdad, amor mío? Queremos vivir cada día.
Hacemos proyectos vagos para cuando la vejez venga. Y decimos:
«Tú siempre serás hermosa, y tus ojos los mismos;
ah, el alma allí coloreada, en la diminuta pupila,
quizá en la voz... Por sobre la acumulación de la vida,
por sobre todo lo que te vaya ocultando
—si es que eso sea ocultarte, que no lo será, que no puede serlo—, yo te reconoceré siempre».
Allí saldrás, por el hilo delgado de la voz, por el brillo nunca del todo extinto de tu diminuto verdor en los ojos,
por el calor de la mano reconocible, por los besos callados.
Por el largo silencio de los dos cuerpos mudos, que se tientan, conocen.
Por el lento continuo emblanquecimiento de los cabellos, que uno a uno haré míos.
Lento minuto diario que hecho gota nos une,
nos ata. Gota que cae y nos moja; la sentimos: es una.

Los dos nos hemos mirado lentamente.
¡Cuántas veces me dices: «No me recuerdes los años»!
Pero también me dices, en las horas del recogimiento y murmullo:
«Sí, los años son tú, son tu amor. ¡Existimos!».
Ahora que nada cambia, que nada puede cambiar, como la vida misma, como yo, como juntos...
Lento crecer de la rama, lento curvarse, lento extenderse; lento,
al fin, allá lejos, lento doblarse. Y densa rama con fruto, tan cargada, tan rica
—tan continuadamente juntos: como un don, como estarse—,
hasta que otra mano que sea, que será, la recoja,
más todavía que como la tierra, como amor, como beso.

CON LOS DEMÁS

Extraña sensación cuando vemos a nuestra amada
con otras gentes que quizá no lo saben.

Nos mira con ojos grandes, ojos absortos, dulces.
Allí impresos todavía están los besos, los favores, los largos
silencios.
Están aquellas horas fervientes, cuando inclinados sobre el
tendido dibujo murmuramos apenas.
Las largas navegaciones quietas en el cuarto del amor, los envíos,
las altas mareas, las briosas constelaciones fúlgidas que han visto
al cuarto bogar.
Y están la música de las olas, los lentos arribos, el sueño quieto
en la costa del alba;
y el despertar en la playa encontrada, y el salto desde el sueño
a la orilla,
y el salir mucho después juntos por la ciudad, y el llevar todo,
y el escuchar todavía, en el tráfago de las calles, el eco apagado,
en el oído encendido,
del largo clamor inmóvil de las espumas de la navegación infinita,
en las relucientes noches de altura.
Y el alma, allí rodeada, nos mira como con solo amor,
y ofrece en los ojos impresos besos largos, designios, silencios
largos, estelas...

Y hoy en medio de los otros, nos encontramos. ¿Tú me miras?
Te veo.
Ellos no te conocen. Hablan. Mueven. Oscilan.
Déjalos. Tú les dices. Pero tu alma cambia
largos besos conmigo, mientras hablas, y escuchan.

No importa. Sí, te tengo, cuerpo hermoso, y besamos
y sonreímos, y: «Toma, amor; toma, dicha». Pronuncian,
insisten, quizá ceden, argumentan, responden. No sé lo que les dices.
Pero tú estás besando. Aquí, cara a cara, con hermosos sonidos,
con largos, interminables silencios de beso solo,
con estos abrazos lentos de los dos cuerpos vivos,
de las dos almas mudas que fundidas se cantan
y con murmullos lentos se penetran, se absortan.

Todos callan. Los muertos. Los salvados. Vivimos.

DIFÍCIL

¿Lo sabes? Todo es difícil. Difícil es el amor.
Más difícil su ausencia. Más difícil su presencia o estancia.
Todo es difícil... Parece fácil y qué difícil es
repasar el cabello de nuestra amada con estas manos materiales
    que lo estrujan y obtienen.
Difícil, poner en su boca carnosa el beso estrellado que nunca
    se apura.
Difícil, mirar los hondos ojos donde boga la vida,
y allí navegar, y allí remar, y allí esforzarse,
y allí acaso hundirse sintiendo la palpitación en la boca, el hálito
    en esta boca
donde la última precipitación diera un nombre o la vida.

Todo es difícil. El silencio. La majestad. El coraje:
el supremo valor de la vida continua.
Este saber que cada minuto sigue a cada minuto,
y así hasta lo eterno.
Difícil, no creer en la muerte; porque nadie cree en la muerte.
Hablamos de que morimos, pero no lo creemos.
Vemos muertos, pisamos
muertos: separamos
los muertos. ¡Sí, nosotros vivimos!
Muchas veces he visto
esas hormigas, las bestezuelas tenaces viviendo,
y he visto una gran bota caer y salvarse muy pocas.
Y he visto y he contado las que seguían, y su divina indiferencia,
y las he mirado apartar a las muertas y seguir afanosas,
y he comprendido que separaban a sus muertos como a las demás
    sobrevenidas piedrecillas del campo.

Y así los hombres cuando ven a sus muertos
y los entierran, y sin conocer a los muertos viven, aman, se
obstinan.

Todo es difícil. El amor. La sonrisa. Los besos de los inocentes
que se enlazan y funden.
Los cuerpos, los ascendimientos del amor, los castigos.
Las flores sobre su pelo. Su luto otros días.
El llanto que a veces sacude sus hombros. Su risa o su pena.
Todo: desde la cintura hasta su fe en la divinidad;
desde su compasión hasta esa gran mano enorme y extensa
donde los dos nos amamos.

Ah, rayo súbito y detenido que arriba no veo.
Luz difícil que ignoro, mientras ciego te escucho.

A ti, amada mía difícil que cruelmente, verdaderamente me
apartarás con seguridad del camino
cuando yo haya caído en los bordes, y en verdad no lo creas.

COMEMOS SOMBRA

Todo tú, fuerza desconocida que jamás te explicas.
Fuerza que a veces tentamos por un cabo del amor.
Allí tocamos un nudo. Tanto así es tentar un cuerpo,
un alma, y rodearla y decir: «Aquí está». Y repasamos
despaciosamente,
morosamente, complacidamente, los accidentes de una verdad
que únicamente por ellos se nos denuncia.
Y aquí está la cabeza, y aquí el pecho, y aquí el talle y su huida,
y el engolfamiento repentino y la fuga, las dos largas piernas
dulces que parecen infinitamente fluir, acabarse.
Y estrechamos un momento el bulto vivo.
Y hemos reconocido entonces la verdad en nuestros brazos,
el cuerpo querido, el alma escuchada,
el alma avariciosamente aspirada.

¿Dónde la fuerza entonces del amor? ¿Dónde la réplica que nos
diese un Dios respondiente,
un Dios que no se nos negase y que no se limitase a arrojarnos
un cuerpo, un alma que por él nos acallase?
Lo mismo que un perro con el mendrugo en la boca calla y se
obstina,
así nosotros, encarnizados con el duro resplandor, absorbidos,
estrechamos aquello que una mano arrojara.
Pero ¿dónde tú, mano sola que haría
el don supremo de suavidad con tu piel infinita,
con tu sola verdad, única caricia que, en el jadeo, sin términos
nos callase?

Alzamos unos ojos casi moribundos. Mendrugos,
panes, azotes, cólera, vida, muerte:
todo lo derramas como una compasión que nos dieras,
como una sombra que nos lanzaras, y entre los dientes nos brilla
un eco de un resplandor, el eco de un eco de un eco del resplandor,
y comemos.
Comemos sombra, y devoramos el sueño o su sombra, y callamos.
Y hasta admiramos: cantamos. El amor es su nombre.

Pero luego los grandes ojos húmedos se levantan. La mano no
    está. Ni el roce
de una veste se escucha.
Solo el largo gemido, o el silencio apresado.
El silencio que solo nos acompaña
cuando, en los dientes la sombra desvanecida, famélicamente
    de nuevo echamos a andar.

ENTRE DOS OSCURIDADES, UN RELÁMPAGO

Y no saber adónde vamos, ni de dónde venimos.
RUBÉN DARÍO

Sabemos adónde vamos y de dónde venimos. Entre dos oscuridades, un relámpago.
Y allí, en la súbita iluminación, un gesto, un único gesto,
una mueca más bien, iluminada por una luz de estertor.

Pero no nos engañemos, no nos crezcamos. Con humildad,
con tristeza, con aceptación, con ternura,
acojamos esto que llega. La conciencia súbita de una compañía, allí en el desierto.
Bajo una gran luna colgada que dura lo que la vida, el instante del darse cuenta entre dos infinitas oscuridades,
miremos este rostro triste que alza hacia nosotros sus grandes ojos humanos,
y que tiene miedo, y que nos ama.
Y pongamos los labios sobre la tibia frente y rodeemos
con nuestros brazos el cuerpo débil, y temblemos,
temblemos sobre la vasta llanura sin términos donde solo brilla la luna del estertor.

Como en una tienda de campaña,
que el viento furioso muerde, viento que viene de las hondas profundidades de un caos,
aquí la pareja humana, tú y yo, amada, sentimos las arenas largas que nos esperan.
No acaban nunca, ¿verdad? En una larga noche, sin saberlo, las hemos recorrido;

quizá juntos, oh, no, quizá solos, seguramente solos, con un
invisible rostro cansado desde el origen, las hemos recorrido.
Y después, cuando esta súbita luna colgada bajo la que nos
hemos reconocido
se apague,
echaremos de nuevo a andar. No sé si solos, no sé si acompañados.
No sé si por estas mismas arenas que en una noche hacia atrás
de nuevo recorreremos.

Pero ahora la luna colgada, la luna como estrangulada, un
momento brilla.
Y te miro. Y déjame que te reconozca.
A ti, mi compañía, mi sola seguridad, mi reposo instantáneo,
mi reconocimiento expreso donde yo me siento y me soy.
Y déjame poner mis labios sobre tu frente tibia —oh, cómo la
siento—.
Y un momento dormir sobre tu pecho, como tú sobre el mío,
mientras la instantánea luna larga nos mira y con piadosa luz
nos cierra los ojos.

ANTE EL ESPEJO

Como un fantasma que de pronto se asoma
y entre las cortinas silenciosas adelanta su rostro y nos mira,
y parece que mudamente nos dijera...

Así tú ahora, mientras sentada ante el vidrio elevas tus brazos,
componiendo el cabello que, sin brillo, organizas.
Desde tu espalda te he mirado en el espejo.
Cansado rostro, cansadas facciones silenciosas
que parecen haberse levantado tristísimas como después de un
largo esfuerzo que hubiese durado el quedar de los años.
Como un cuerpo que un momento se distendiese
después de haber sufrido el peso de la larguísima vida,
y un instante se mirase en el espejo y allí se reconociera...,

así te he visto a ti, cansada mía, vivida mía,
que día a día has ido llevando todo el peso de tu vivir.
A ti, que sonriente y ligera me mirabas cada mañana como
reciente, como si la vida de los dos empezase.
Despertabas, y la luz entraba por la ventana, y me mirabas
y no sé qué sería, pero todos los días amanecías joven y dulce.
Y hoy mismo, esta mañana misma, me has mirado riente,
serena y leve, asomándote y haciéndome la mañana
graciosamente desconocida.
Todos los días nuevos eran el único día. Y todos
los días sin fatigarte tenías tersa la piel, sorprendidos los ojos,
fresca la boca nueva y mojada de algún rocío la voz que se
levantaba.

Y ahora te miro. De pronto a tu espalda te he mirado.
Qué larga mirada has echado sobre el espejo donde te haces.
Allí no estabas. Y una sola mujer fatigada, cansada como por
    una larga vigilia que durase toda la vida,
se ha mirado al espejo y allí se ha reconocido.

ASCENSIÓN DEL VIVIR

Aquí tú, aquí yo: aquí nosotros. Hemos subido despacio esa montaña.
¿Cansada estás, fatigada estás? «¡Oh, no!», y me sonríes. Y casi con dulzura.
Estoy oyendo tu agitada respiración y miro tus ojos.
Tú estás mirando el larguísimo paisaje profundo allá al fondo.
Todo él lo hemos recorrido. Oh, sí, no te asombres.
Era por la mañana cuando salimos. No nos despedía nadie. Salíamos furtivamente,
y hacía un hermoso sol allí por el valle.
El mediodía soleado, la fuente, la vasta llanura, los alcores, los médanos;
aquel barranco, como aquella espesura; las alambradas, los espinos,
las altas águilas vigorosas.
Y luego aquel puerto, la cañada suavísima, la siesta en el frescor sedeño.
¿Te acuerdas? Un día largo, larguísimo; a instantes dulces: a fatigosos pasos; con pie muy herido:
casi con alas.
Y ahora de pronto, estamos. ¿Dónde? En lo alto de una montaña.
Todo ha sido ascender, hasta las quebradas, hasta los descensos, hasta aquel instante que yo dudé y rodé y quedé
con mis ojos abiertos, cara a un cielo que mis pupilas de vidrio no reflejaban.

Y todo ha sido subir, lentamente ascender, lentísimamente alcanzar,
casi sin darnos cuenta.
Y aquí estamos en lo alto de la montaña, con cabellos blancos y puros como la nieve.

Todo es serenidad en la cumbre. Sopla un viento sensible,
desnudo de olor, transparente.
Y la silenciosa nieve que nos rodea
augustamente nos sostiene, mientras estrechamente abrazados
miramos al vasto paisaje desplegado, todo él ante nuestra vista.
Todo él iluminado por el permanente sol que aún alumbra
nuestras cabezas.

MIRADA FINAL

MIRADA FINAL

(MUERTE Y RECONOCIMIENTO)

La soledad, en que hemos abierto los ojos.
La soledad en que una mañana nos hemos despertado, caídos,
derribados de alguna parte, casi no pudiendo reconocernos.
Como un cuerpo que ha rodado por un terraplén
y, revuelto con la tierra súbita, se levanta y casi no puede
reconocerse.
Y se mira y se sacude y ve alzarse la nube de polvo que él no es,
y ve aparecer sus miembros,
y se palpa: «Aquí yo, aquí mi brazo, y este mi cuerpo, y esta mi
pierna, e intacta está mi cabeza»;
y todavía mareado mira arriba y ve por dónde ha rodado,
y ahora el montón de tierra que le cubriera está a sus pies y él
emerge,
no sé si dolorido, no sé si brillando, y alza los ojos y el cielo
destella
con un pesaroso resplandor, y en el borde se sienta
y casi siente deseos de llorar. Y nada le duele,
pero le duele todo. Y arriba mira el camino,
y aquí la hondonada, aquí donde sentado se absorbe
y pone la cabeza en las manos; donde nadie le ve, pero un cielo
azul apagado parece lejanamente contemplarle.

Aquí, en el borde del vivir, después de haber rodado toda la
vida como un instante, me miro.
¿Esta tierra fuiste tú, amor de mi vida? ¿Me preguntaré así cuando
en el fin me conozca, cuando me reconozca y despierte,
recién levantado de la tierra, y me tiente, y sentado en la
hondonada, en el fin, mire un cielo
piadosamente brillar?

No puedo concebirte a ti, amada de mi existir, como solo una
tierra que se sacude al levantarse, para acabar
cuando el largo rodar de la vida ha cesado.
No, polvo mío, tierra súbita que me ha acompañado todo el vivir.
No, materia adherida y tristísima que una postrer mano, la mía
misma, hubiera al fin de expulsar.
No: alma más bien en que todo yo he vivido, alma por la que
me fue la vida posible
y desde la que también alzaré mis ojos finales
cuando con estos mismos ojos que son los tuyos, con los que mi
alma contigo todo lo mira,
contemple con tus pupilas, con las solas pupilas que siento bajo
los párpados,
en el fin el cielo piadosamente brillar.

ÍNDICE

ÍNDICE

III LA REALIDAD

IV LA MIRADA INFANTIL

V LOS TÉRMINOS

MIRADA FINAL

Este libro se terminó de editar en Granada
en enero de 2026 por

www.aversopoesia.com
hola@aversopoesia.com